RÈGLEMENT

DE LA SOCIÉTÉ

DES MAITRES BOULANGERS

De la ville de la Guillotière,

Fondée le 21 décembre 1848.

LIBERTÉ, ÉGALITÉ, FRATERNITÉ.

LA GUILLOTIÈRE,

IMPRIMERIE DE J.-M. BAJAT,

Cours d'Austerlitz, 8.

1849.

RÈGLEMENT

DE LA SOCIÉTÉ

DES MAITRES BOULANGERS

De la ville de la Guillotière,

Fondée le 21 décembre 1848.

LIBERTÉ, ÉGALITÉ, FRATERNITÉ.

Les Maîtres Boulangers de la ville de la Guillotière prennent l'engagement, en s'unissant pour s'aimer fraternellement, de se conformer en tout point au Règlement de la présente association formée dans le but de se secourir mutuellement, et dont la teneur suit :

CHAPITRE PREMIER.

ARTICLE PREMIER.

Tout sociétaire est tenu d'être de bonne vie et mœurs et sain d'esprit.

ART. 2.

Le bureau de la société se compose d'un

président, d'un vice-président, d'un trésorier et de deux secrétaires.

Art. 3.

Les membres du bureau sont élus à la pluralité des voix, au vote secret et nommés pour un an. Chaque année il est procédé au renouvellement du bureau, à l'époque qui sera désignée en assemblée générale.

Art. 4.

Aucun sociétaire ne peut être élu membre du bureau s'il ne sait lire et écrire ; les fonctions sont gratuites.

Art. 5.

Le nombre des sociétaires n'est pas fixé, toutefois, il n'y a que les Maîtres Boulangers qui puissent être admis à faire partie de la société.

CHAPITRE II.

Art. 6.

La société établit une caisse dont les clés, au nombre de trois, sont confiées, l'une au trésorier, et les deux autres à chacun des secrétaires.

Art. 7.

L'ouverture de la caisse ne se fait qu'en

présence des membres du bureau et des sociétaires qui désireut y assister.

Art. 8.

Chaque sociétaire versera deux francs de réception, plus un franc le premier jeudi de chaque mois.

Art. 9.

Il y aura des visiteurs dont le service sera de visiter les malades ou de remplir toute autre fonction ; chaque sociétaire ne faisant pas partie du bureau, sera visiteur à son tour.

Art. 10.

Les fonctions des membres du bureau doivent être remplies ainsi qu'il suit :
Le premier jeudi de chaque mois, le bureau procède à l'admission des candidats inscrits, conformément à l'article 5. Pour qu'un candidat soit admis sociétaire, il faut qu'il obtienne la majorité absolue des voix des membres du bureau.

Art. 11.

Les membres du bureau doivent recevoir les déclarations des malades et veiller à ce qu'ils soient régulièrement visités. Ils sont autorisés à consulter un médecin pour s'as-

...er des causes et de la nature des maladies. Les visiteurs doivent surveiller l'exécution de l'ouvrage des malades, afin qu'il ne reste pas en souffrance, et rendre compte de leurs fonctions à la société.

Art. 12.

Lorsqu'un sociétaire décède, la veuve, les parents ou les amis du défunt en préviennent immédiatement les membres du bureau, qui invitent tous les sociétaires à assister aux funérailles.

Art. 13.

Les funérailles se font aux frais de la société qui adopte l'enterrement de deuxième classe.

Art. 14.

Les femmes ou veuves des sociétaires sont inhumées aux frais de la société, à moins qu'elles se remarient et que leur mari ne soit pas sociétaire.

Art. 15.

Les invitations pour les funérailles des sociétaires sont faites à tous les membres de la société sans exception ; ils doivent tous accompagner le convoi jusqu'au cimetière, sous peine d'une amende de trois francs, qui sera versée à la première assemblée.

Art. 16.

Tout sociétaire qui aura été invité aux funérailles, sera tenu de remettre sa lettre d'invitation au président à la sortie du cimetière. Si, pour cause majeure, il ne peut s'y rendre, il devra remettre sa lettre à un parent, à un ami, où à toute autre personne n'ayant pas moins de seize ans, à défaut de quoi il sera considéré comme absent et passible d'une amende de trois francs.

CHAPITRE IV.

Art. 17.

Tout membre du bureau qui ne se rendra pas aux reunions ou assemblées mensuelles, tout sociétaire qui, après y avoir été invité, ne se présentera pas aux assemblées générales, payera un franc d'amende; s'il a négligé de payer sa rétribution mensuelle, il sera à l'amende de vingt-cinq centimes pour le premier mois de retard, et de cinquante centimes pour le second.

Art. 18.

Cette amende n'est exigible que dans le cas où la personne qui l'a encourue n'a pas donné d'avance des motifs valables de son absence,

Art. 19.

Tout sociétaire qui, dans une assemblée, chercherait à troubler l'ordre, interromprait la personne à laquelle la parole aurait été accordée, adresserait des paroles offensantes à un de ses confrères, sera mis, pour une première fois, à l'amende de cinquante centimes; pour la seconde fois, de un franc; et si après cette punition il persiste, il sera à l'instant rayé du tableau et renvoyé de la société.

Art. 20.

Les amendes encourues par les sociétaires devront être payées après les sommations faites par le président, pour être versées à la caisse sociétaire, sous peine de radiation.

Fonctions du Président.

Art. 21.

Le président a la surveillance générale de la société et la police des réunions lui appartient; il vérifie les registres, toutes les fois que bon lui semble; il peut, en tout temps, se faire rendre compte de l'état de la caisse; il signe les bons de secours et s'assure qu'ils soient scrupuleusement distribués; il préside toutes les assemblées, et en dirige les délibérations ; il a seul le droit d'accorder ou de refuser la parole ; il peut lever la séance s'il le juge convenable.

Fonctions du Trésorier.

Art. 22.

Le trésorier est le dépositaire de la caisse de la société ; il reçoit les rétributions mensuelles versées par les sociétaires et leur en donne récépissé qu'il inscrit par date sur leur livret ; il tient un livre de caisse, un registre des recettes et des dépenses, il doit permettre la vérification des livres toutes les fois qu'il en est légalement requis.

Fonctions des Secrétaires.

Art. 23.

Les secrétaires de la société sont chargés de la tenue du registre des délibérations, des arrêtés mensuels d'administration et des assemblées générales ; ils recueillent exactement les notes et rapports relatifs à l'admission des membres ; ils tiennent aussi un registre d'inscription des bons de secours ou compte ouvert nominatif pour chaque sociétaire ; lors des décès, ils doivent faire parvenir les lettres d'invitation et prendre

toutes les mesures nécessaires pour les funérailles.

Art. 24.

Tous les livres de la société sans exception doivent être cotés et paraphés par le
président.

Renouvellement du Bureau.

Assemblée générale.

Art. 25.

Chaque année, le premier jeudi du mois
de janvier, une assemblée générale sera con-
voqueé par le président, après l'autorisa-
tion du syndicat qui la fera présider par un
de ses membres.

Art. 26.

Dans cette assemblée on procèdera à la
vérification des livres de la société, et au renouvellement du bureau. Les membres sor-
tant pourront être réélus.

Dispositions d'ordre.

Art. 27.

Dans le cas de dissolution de la société,

qui peut arriver par le vœu exprimé de la majorité, les fonds, alors en caisse, seront répartis entre tous les sociétaires ; dans tout autre cas, la société ne pourra être dissoute que quand le nombre des membres sera au dessous de six, et les fonds en caisse resteront au dernier.

Art. 28.

Tout sociétaire que les circonstances obligeraient de quitter la ville de la Guillotière ou de changer de profession, devra en donner avis à la société.

Art. 29.

Le président peut refuser la parole à tout sociétaire qui dans une même séance, reproduirait plusieurs fois la même proposition qui n'aurait pas été accueillie par l'assemblée.

Art. 30.

La parole sera ôtée à tout sociétaire qui, dans une discussion ou délibération , mettrait de l'aigreur ou s'écarterait de la décence et du respect dûs à la société.

Art. 31.

La société pourra prendre, en assemblée générale, des délibérations dans le but d'expliquer et de donner des instructions pour l'exécution de certains articles de ce Règlement, même pour les modifier et les changer, s'il y a lieu.

Art. 32.

La société n'étant pas soumise à la sanction des autorités locales ou supérieures, en réfère à l'article 8 de la Constitution de 1848, ainsi conçu :

Article 8 de la Constitution. — Les citoyens ont le droit de s'associer, de s'assembler paisiblement et sans armes, de pétitionner, de manifester leur pensée par la voie de la presse ou autrement ; l'exercice de ces droits n'a pour limites que les droits ou la liberté d'autrui et la sécurité publique ; la presse ne peut, dans aucun cas, être soumise à la censure.

Art. 33.

Toutes les dispositions du présent Règlement seront exécutées selon leur forme et teneur, tels qu'elles ont été approuvées par la société.

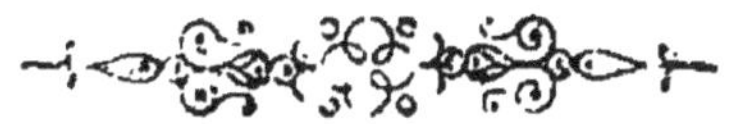

LISTE

Des Fondateurs de la Société.

HUVET.

DUSSERT.

DUBIN.

MOREL. (Brotteaux).

MENAN.

LOMBARD.

GOUTEL.

MATHIEU.

VERCHÈRE.

RABATEL (Brotteaux).

ROCHAND.

FERRAND.

MOREL (Guillotière).

QUERENET.

ROIBET (Brotteaux).

PERROT (Brotteaux).

RICHER.

BOUVAGNET.

GAUTIER.

ROCHET.

DALLERIE.

PREVOTS.

BLANC.

REVELIN.

BIDAU.

GUERIE.

COTE.

PHILIPPE.

BILLARD.

LUC.

POYET.

JACQUET, aîné.

PIEGAI.

JOANNIS.

CARLOZ.

POYET, Antoine.

MAYOT.

LABROSSE.

MICHALET.

BOURCHENU.

PERNELLE.

Janvier.

Février.

Mars.

Avril.

Mai.

Juin.

Juillet.

Août.

Septembre.

Octobre.

Novembre.

Janvier.

Février.

Mars.

Avril.

Mai.

Juin.

Juillet.

Août.

Septembre.

Octobre.

Novembre.

Décembre.

Janvier.

Février.

Mars.

Avril.

Mai.

Juin.

Juillet.

Août.

Septembre.

Octobre.

Novembre.

Décembre.

Janvier.

Février.

Mars.

Avril.

Mai.

Juin.

Juillet.

Août.

Septembre.

Octobre.

Novembre.

Décembre.

Janvier.

Février.

Mars.

Avril.

Mai.

Juin.

Juillet.

Août.

Septembre.

Octobre.

Novembre.

Décembre.

Janvier.

Février.

Mars.

Avril.

Mai.

Juin.

Juillet.

Août.

Septembre.

Octobre.

Novembre.

Décembre.

Janvier.

Février.

Mars.

Avril.

Mai.

Juin.

Juillet.

Août.

Septembre.

Octobre.

Novembre.

Décembre.

Janvier.

Février.

Mars.

Avril.

Mai.

Juin.

Juillet.

Août.

Septembre.

Octobre.

Novembre.

Décembre.

Janvier.

Février.

Mars.

Avril.

Mai.

Juin.

Juillet.

Août.

Septembre.

Octobre.

Novembre.

Décembre.

Janvier.

Février.

Mars.

Avril.

Mai.

Juin.

Juillet.

Août.

Septembre.

Octobre.

Novembre.

Décembre.